LES SIBARITES,

ACTE DE BALLET

Repréſenté devant le Roi, à Fontainebleau, le 13 Novembre 1753.

DE L'IMPRIMERIE
DE BALLARD, ſeul Imprimeur du Roi pour la Muſique, & Noteur de la Chapelle de Sa Majeſté, rue Saint-Jean-de-Beauvais, à Sainte Cécile.

Par exprès Commandement de SA MAJESTÉ.

La Musique est du Sr. RAMEAU.

Les Ballets sont de la Composition du Sr. LAVAL, Maître des Ballets du Roi.

ACTEURS CHANTANTS.

HERSILIDE, *nouvellement élue Reine de Sibaris.* Dlle. Chevalier.

ASTOLE, *Général des Crotoniates.* Sr. de Chaſſé.

PHILOÉ, *Femme de la Cour d'Herſilide.* Dlle. Boiſrant.

AGIS, *Seigneur de la Cour d'Herſilide.* Sr. Poirier.

UN SIBARITE. Sr. Beſche.

TROUPE DE SIBARITES.

TROUPE DE CROTONIATES.

CHŒURS.

DEMOISELLES.

Canavas.	Bertrand.	D'Egremont C.
D'Egremont. L.	Godoneſche.	De Chevremont.

SIEURS.

Ajuto.	D'Egremont.	Boſquillon.
Godoneſche.	Tavernier.	Beſche.
Du Bourg.	Chambalanti.	Le Begue.
Joquet.	Benoît.	Bazire.
Richer.	Du Croc.	

PERSONNAGES DANSANTS.

SIBARITES.

Le Sr. Dupré.

Les Srs. Dourdet, Malter C. Galobier, Lépy.

Les Dlles. Du Miray, Courcelle, Riquet, Marquiſe.

CROTONIATES.

Le Sr. Lionnois.

Dlle. Reix. Sr. La Riviere l'aîné.

Les Srs. Baletti. Le Liévre. Veſtris. C.
Teſſier. Baletti C. La Riviere.

VENUS.

Dlle. Veſtris.

MARS.

Sr. Veſtris.

LES GRACES.

Dlles. Camille, Catinon, Maſſon.

LES SIBARITES,

ACTE DE BALLET.

Le Théâtre représente un Amphithéâtre de verdure, couvert d'Arbres en Berceau. Au fond est un Thrône de Fleurs en Baldaquin.

SCENE PREMIERE.

HERSILIDE sur son Thrône, AGIS, PHILOE', Peuples de Sibaris.

CHŒUR de Peuples.

REGNEZ, Mortelle adorable,
Au sein d'un bonheur durable,

Faites couler nos loiſirs.
Quel Empire eſt préférable
A l'empire des Plaiſirs !

AGIS à la REINE.

A Sibaris, commme à Cythére,
La Beauté doit donner des loix :
Quand les cœurs choiſiſſent leurs Rois,
L'art de regner, c'eſt l'art de plaire.

PHILOE'.

Par les Plaiſirs nouveaux qui brillent ſur vos traces,
Du Goût, des Talents & des Graces,
Le regne aimable eſt accompli ;
Chaque inſtant qui coule eſt rempli
Par les Plaiſirs nouveaux qui brillent ſur vos traces.

La nature vous doit mille riantes faces,
Le bonheur même eſt embelli
Par les Plaiſirs nouveaux qui brillent ſur vos traces.

Une Troupe de Jeunes Sibarites entrent en danſant. Tous ſe réuniſſent au pied du Thrône pour rendre hommage à leur nouvelle Reine.

GRAND CHŒUR.

Dieux protecteurs de Sibaris,
Dieux qu'adore Herſilide, & qui veillez ſur elle,
Plaiſirs, Volupté, Jeux & Ris,
Recevez les ſerments que lui fait notre zèle.

HERSILIDE.

Peuple, écoutez ma loi, c'eſt la loi du bonheur,
C'eſt la loi douce & pure,
Qu'au fond de votre cœur
A tracée avant moi la main de la Nature,
Votre premier Legiſlateur.

Que le don d'aimer & de plaire
Marque ſeul les rangs parmi vous;
Que la vengeance d'un Jaloux,
Se borne à mériter qu'un jour on le préfére.

CHŒUR.

A vos Loix l'Amour préſide.
On ne diſtingue plus
L'Empire de Venus
De celui d'Herſilide.

HERSILIDE.

Que d'un Amant fidele & sage,
Un tendre retour soit le prix ;
L'indifférence & le mépris
Seront la peine du Volage.

CHŒUR.

A vos Loix, l'Amour préside.
On ne distingue plus
L'Empire de Venus
De celui d'Hersilide.

HERSILIDE.

Qu'on ne daigne jamais croire
L'indiscrete vanité,
C'est un Amant rebuté
Qui parle de sa victoire.
L'Amant heureux, content de sa félicité,
N'a jamais que l'Amour pour témoin de sa gloire.

CHŒUR. *A vos Loix, &c.*

On danse.

La Danse est interrompue par un bruit de Guerre.

CHŒUR.

CHŒUR.

Quel bruit ſe mêle à nos Concerts !
Grands Dieux ! c'eſt l'airain de Bellonne ;
Ses ſons font retentir les airs.
Fuyons.

HERSILIDE.

Demeurez, je l'ordonne.

AGIS rentrant avec effroi.

O Reine, c'en eſt fait. La triſte Sibaris,
Eſt en proie aux fureurs des Tyrans de Crotonne,
Nos bords ſont occupés, nos remparts ſont ſurpris.

Les SIBARITES effrayés ſe diſpoſent à prendre la fuite.

HERSILIDE.

Peuple, raſſurez vos eſprits,
Ce peril n'a rien qui m'étonne,
Volez au-devant des Vainqueurs :
Recommencez vos Jeux paiſibles,
Ils vous portent des fers, préſentez-leur des fleurs.
C'eſt vous qui ſerez invincibles ;
L'Empire du Plaiſir s'étend ſur tous les cœurs.

Les SIBARITES ſortent pour aller au-devant des CROTONIATES.

SCENE II.

HERSILIDE *seule.*

TENDRE Amour, prête-moi tes armes,
Mon Thrône est ton Autel, mon Empire est le tien;
Sois le Vengeur, sois le Soutien
D'un Regne dont tu fais les charmes.

Si le Dieu des Combats, dans une douce yvresse,
Lui-même en soupirant, te sourit, te carresse,
S'il oublie avec toi la Gloire & les Lauriers;
Quels superbes Guerriers,
Ne seroient comme lui vaincus par la tendresse.

Vole, enchaîne un Peuple rebelle,
Par les mains de la Volupté;
Par-tout où regne la Beauté,
L'Amour y triomphe avec elle.

Vole, &c.

On entend des bruits de Guerre mêlés de Symphonies douces & voluptueuses qui annoncent le retour des SIBARITES avec leurs Ennemis.

HERSILIDE.

Ils viennent, leur fureur s'apprête,
A nous faire subir un joug impérieux :
A leur triomphe audacieux,
N'opposons que l'éclat d'une galante Fête.

Elle sort.

SCENE III.

ASTOLE, Chef des Crotoniates, AGIS, PHILOE. TROUPE de Crotoniates armés, SIBARITES qui les accompagnent en dansant, & en leur présentant des Fleurs.

CHŒURS des SIBARITES & des CROTONIATES pendant la Marche.

Les SIBARITES. *SUIVEZ la voix des Plaisirs.*
Les CROTONIATES. *Non, n'écoutons que la Gloire.*
Les SIBARITES. *Goutez nos heurenx loisirs.*
Les CROTONIATES. *Jouissons de la Victoire.*

ASTOLE aux Peuples de Sibaris.

Peuple effeminé, cœurs timides,
Foulez aux pieds ces Fleurs indignes de vos mains;
Armez-vous, imitez des Guerriers intrépides,
Qui vont anoblir vos destins.

Venez vous signaler par d'illustres Conquêtes,
Cherchez la gloire sur nos pas.
Que vos Jeux soient des Combats,
Que des Triomphes soient vos Fêtes.

Venez, &c.

HERSILIDE paroît au fond du Théâtre.

SCENE IV.

HERSILIDE, ASTOLE, AGIS, PHILOE', TROUPE DE CROTONIATES ET DE SIBARITES.

ASTOLE appercevant HERSILIDE.

QUE vois-je! quel éclat! & quel charme ſuprême!
Ah! la Gloire, elle-même,
Brille de moins d'appas.

HERSILIDE A ASTOLE.

Guerriers, qui vous conduit dans ces heureux aziles
Où la Volupté tient ſa Cour?
Venez-vous prendre part à nos plaiſirs tranquiles?
Vos armes vous ſont inutiles,
Et l'on ne voit dans ce ſéjour
Briller que les traits de l'Amour.

ASTOLE.

Non, non. Je viens briſer ces traits dont il vous bleſſe;
D'un Peuple enſeveli dans un honteux repos,

Je viens ranimer la foibleſſe;
Des Eſclaves de la moleſſe,
Mon exemple & mes Loix vont faire des Héros.

AUX SIBARITES.

Armez-vous, volez à la Gloire,
Fuyez, fuyez, la Volupté.

HERSILIDE.

Mon Peuple belliqueux! Ah! ceſſez de le croire,
Il connoît trop le prix de ſa tranquilité.
Nos Mœurs ſont un bien ſuprême
Qu'on ne peut nous enlever.

Aimer, plaire à ce qu'on aime,
Gouter la douceur extrême
De le voir, ou d'y rêver;
Voilà nos vrais thréſors: Ah! ſans nous en priver,
Pourquoi n'en pas jouir vous-même?

ASTOLE.

Moi, ſoupirer! ô Dieux! je rougis d'y penſer,
La Gloire à d'autres ſoins m'appelle.

HERSILIDE.

Peut-elle vous récompenser
Des biens que vous quittez pour elle?

Comparez ses travaux affreux
Aux tranquiles Plaisirs de ce séjour champêtre;
Vous nous défendez d'être heureux,
Et nous vous invitons à l'être.

ASTOLE à part.

Du trouble de mes sens je ne suis plus le maître!
Quel charme on respire en ces lieux!
Fuyons. Je sens trop qu'à ses yeux
Ma honte va paroître.

à sa Suite. A HERSILIDE.

Guerriers éloignez-vous, recevez mes adieux.

La Suite d'ASTOLE se retire. ASTOLE se dispose à se retirer aussi.

HERSILIDE.

Cruel, vous allez donc désoler ce rivage?
Vous allez de l'Amour renverser les Autels.

ASTOLE.

Non, regnez avec lui, que des foibles Mortels,
Il reçoive avec vous l'hommage;
Pour rendre ses droits éternels,
Qu'il s'est bien peint dans son image!
Rassurez vos Sujets; loin de m'armer contre eux,
Je veux dans leur bonheur respecter votre ouvrage;
Ils vivent sous vos Loix, sans doute ils sont heureux.

HERSILIDE.

Souffrez que vos Guerriers se mêlent avec eux.

ASTOLE.

Non, c'est trop exposer ma Gloire & leur courage,
Sur ce bord dangereux.
Adieu...

HERSILIDE.

Daignez au moins voir le brillant Spectacle
Des Jeux que vous avez troublés.

ASTOLE.

Reine aimable, vous le voulez,
Je sens trop qu'à vos vœux rien ne peut mettre obstacle,
Que mes Guerriers soient rappellés. *

Apprenez-

* Agis sort pour ramener les Guerriers d'Astole.

Apprenez-moi du moins quel pouvoir invincible
Enchaîne ſur vos pas mon orgueil abbattu.
De douleur, de plaiſir tour à tour combattu,
Pour rompre ce charme inviſible,
Je rappelle en vain ma vertu,
Et mon cœur étonné ſe reconnoît ſenſible.

HERSILIDE.

C'eſt un Enfant qui vous enchaîne:
Il folâtre, il voltige, il bleſſe au même inſtant;
Il attaque ſans bruit, il triomphe ſans peine,
Moins le Combat eſt éclatant,
Et plus la Victoire eſt certaine.

C'eſt un Enfant, &c.

AGIS ramene les CROTONIATES.

ASTOLE à ſa Suite qui rentre ſur la Scene.

Guerriers, la Paix ſuccéde à nos ſanglants projets:
Adorez cette Reine, épargnez ſes Sujets.

Chantez, célébrez la Victoire,
Et l'Empire de la Beauté;
Elle désarme la Fierté,
Elle triomphe de la Gloire.

AGIS, PHILOE', ASTOLE, & le Chœur des SIBARITES & des CROTONIATES unis.

Chantons, célébrons la Victoire,
Et l'Empire de la Beauté;
Elle désarme la Fierté,
Elle triomphe de la Gloire.

BALLET FIGURÉ.

MARS ramené par L'AMOUR auprès de VENUS.

ASTOLE à sa Suite.

Cédons à ce pouvoir suprême,
Guerriers, laissons-nous désarmer;
Vous, par le Dieu qui fait aimer,
Et moi par la Beauté que j'aime.

On danse.

ASTOLE.

ARIETTE.

Volez, de la Reine des Belles,
Zéphirs, caressez les attraits,
Que l'air, agité de vos aîles,
Devienne plus pur & plus frais.

Que la Nature se couronne
Des ornements qu'elle en reçoit;
C'est un hommage qu'elle doit,
A la Beauté qui les lui donne.

Un Ballet Général termine l'Acte.

www.ingramcontent.com/pod-product-compliance
Lightning Source LLC
LaVergne TN
LVHW050513160826
845677LV00003B/1110

* 9 7 8 2 3 2 9 6 1 9 2 2 4 *